AF245919

SOCIÉTÉ CENTRALE

POUR LA CRÉATION PAR L'ÉTAT

D'UNE

BANQUE NATIONALE IMMOBILIÈRE

DE FRANCE.

ORIGINE ET TRAVAUX
DE LA SOCIÉTÉ.

Aussitôt après la Révolution de Février, tout le monde comprit l'utilité de dominer la crise, et plusieurs projets financiers furent adressés au Gouvernement provisoire. Le 15 mars, les Citoyens Cochin, négociant, Chibon, entrepreneur de constructions, Pasquier, avocat, qui, depuis longtemps, s'étaient occupés de l'organisation du crédit foncier, remirent au Ministre des finances la pétition suivante :

« Paris, le 15 mars 1848.

» CITOYEN MINISTRE,

» Nous venons vous proposer une combinaison qui aurait pour effet de mettre fin à la Crise Financière, et de relever à toujours le crédit public.

» En ce moment, les travaux sont suspendus sur tous les points ; il en résulte, pour l'Ouvrier, la misère ; pour les Chefs d'industrie, la ruine ; pour l'État, la menace de troubles qui achèveraient de tout paralyser.

» La création d'Établissements de crédit public est devenue indispensable.

» Nous venons vous demander de prêter à tout Propriétaire qui offrira des garanties hypothécaires reconnues suffisantes, les sommes qui lui seront nécessaires, et de lui remettre en paiement des Billets émis par l'Etat, au fur et à mesure des emprunts, qui seront garantis par l'emprunteur et par lui.

» Une loi donnerait à ces Billets un cours forcé.

» Ces Billets devenant pour les emprunteurs l'équivalent du numéraire, ceux-ci paieront un intérêt annuel à l'Etat.

» Cette institution de crédit fournirait immédiatement :

» *A l'État*, des ressources importantes qui l'aideraient à conjurer les effets de la Crise et lui permettraient de supprimer les impôts frappant sur les classes pauvres.

» *A l'Industrie*, le refoulement vers elle de tous les capitaux placés par hypothèque.

» *Aux Capitalistes*, la certitude d'être remboursés.

» *Aux Propriétaires* grevés, la possibilité de payer leurs prêteurs.

» *A ceux non grevés*, un capital disponible à leur volonté.

» *A l'Agriculture et au Commerce*, les moyens d'échange qui manquent depuis longtemps.

» *A la Classe ouvrière* enfin, du travail, mais du travail en quantité suffisante, sérieux et productif pour tous. »

Ils comprirent qu'il était nécessaire de propager leur projet, de recueillir des adhésions et d'en discuter publiquement tous les détails, afin de le faire connaître et de savoir quelle serait la sympathie qu'il rencontrerait dans le public.

Les adhésions ne se firent pas attendre, et une Commission composée de MM. Tauxier, Cochin, Chibon, Pasquier, Dalleret, Vilcoq, Bachelet, Vizet, Faure, Carlot, Rigaud, fut promptement formée, et adopta le plan d'exécution qui lui fut présenté par les Fondateurs.

De nombreuses Réunions publiques eurent lieu à l'Hôtel-de-Ville, et plusieurs Auteurs de projets, plus ou moins analogues, s'y présentèrent.

L'assemblée décida que ces Projets seraient remis sur le Bureau, discutés et fondus ensemble, s'il y avait lieu.

Les Auteurs des divers Projets remis au Comité, sont :

MM. BACQUEVILLE.
BARRE, Avocat à la Cour d'Appel.
BOUHIER DE LÉCLUSE, Représentant du Peuple.
BOURGOIN, Propriétaire.
CHATEAU, Architecte-Expert.
CORMIER.
COULOMBEL, Propriétaire.
CRAPEZ, Propriétaire.
DENEVERS-LETOURNEUR, Négociant.
DUBAIL aîné, au Conseil d'escompte du Comptoir National.
LOMBARD.
MEURISSE, Propriétaire.
PRESCHEZ, ancien Avoué.
RIGAUD (Amable).
SEMENT, Docteur en droit.
THIBAUT, ancien Notaire.
WARIN-THIERRY.
WARNERY, Ex-Délégué de Bône.
VILCOQ, Propriétaire et Négociant.

A chaque Séance publique, le principe contenu en la Pétition de MM. Cochin, Chibon et Pasquier, fut mis aux voix et adopté à l'unanimité.

La Commission s'adjoignit les Auteurs des Mémoires déposés sur son bureau, et se trouve aujourd'hui constituée en Comité et composée comme il est indiqué à la fin de ce Mémoire.

La Société, qui compte de nombreux Membres, continue ses Séances chaque Samedi, à une heure , à l'Hôtel-de-Ville, salle Saint-Jean.

Le projet que nous présentons, est le résultat de ses travaux.

EXPOSÉ.

La Révolution de Février a été la cause déterminante de la Crise Financière : le principe en existait depuis longtemps dans l'Organisation du crédit.

En effet, le crédit personnel avait acquis un développement anormal, supérieur aux causes sur lesquelles il reposait ; il avait donné naissance au crédit de pure circulation, fantasmagorie industrielle et financière, affaiblissant les valeurs réelles et encombrant les Banques, qui, au moment d'une débâcle inévitable, se trouvèrent réduites à l'impossibilité de faire face à leurs engagements.

Le crédit réel, au contraire, n'a reçu aucun développement; et cependant, la sécurité qu'il offre, la généralité qu'il embrasse, doivent lui faire donner la préférence.

Jusqu'à ce jour, l'Agriculture a été privée de sa part au crédit, elle a végété sous la domination de l'usure, elle s'est soutenue, mais n'a acquis aucun développement. Elle donne au laboureur une existence malheureuse ; il s'éloigne des champs, et vient chercher dans les villes des travaux insuffisants encore. Donnez au laboureur l'argent nécessaire pour féconder sa terre ; qu'il puisse, non-seulement aider la nature, mais la dompter, et vous obtiendrez en France des résultats égaux à ceux de l'Angleterre, où l'hectare de terre, sous un ciel défavorable, produit en moyenne 244 fr. 92 c., tandis que la moyenne de la France est de 105 fr. 75. — Donnez au laboureur la possibilité de contracter des emprunts à un taux proportionné à ses produits, et il mettra en culture les huit millions d'hectares de terres incultes qui déshonorent le sol français.

L'organisation du crédit doit également précéder l'Organisation du Travail. Les ouvriers ne pourront jouir des améliorations que l'on va apporter à leur sort, qu'à l'époque ou les travaux auront repris leur développement normal.

Il est donc certain que la question vitale de l'époque , est l'Organisation du crédit, sur des bases assez larges pour qu'il puisse résister à toute espèce de choc, aux crises politiques, aux guerres étrangères.

La nécessité d'une nouvelle assiette pour le crédit, est universellement reconnue; et la supériorité du crédit réel est incontestable.

Aussi, tous les Financiers, tous les Economistes qui sont venus offrir au Gouvernement le concours de leurs lumières, ont-ils pris pour base de la réorganisation du crédit, la propriété foncière , certains d'arriver par ce moyen à faire rentrer le crédit personnel dans de justes limites.

L'application en est cependant difficile en France, car, tout le monde le reconnaît, notre système hypothécaire présente de graves inconvénients, et forme le plus grand obstacle à la mobilisation de la dette hypothécaire.

Mais l'intensité de la Crise Financière ne nous permet pas d'attendre les modifications qui seront nécessairement apportées à notre législation; nous avons posé en principe que nous suivrions le plus possible les dispositions actuelles du Code civil, sauf à profiter plus tard des réformes qui seront faites.

Comme au Capitaliste, nous paierons à l'État des intérêts; nous réaliserons, par une retenue volontaire, les emprunts qu'il aura été autorisé à contracter, et en augmentant ses ressources, nous lui donnerons la possibilité de faire disparaître les Octrois, et les Impôts qui sont les plus lourds pour les classes pauvres.

Le principe, une fois exposé, voici l'Organisation que nous proposons :

ADMINISTRATION.

A l'État seul appartient le droit de battre monnaie ; c'est lui qui sera garant des valeurs émises ; nous pensons qu'il devra être chargé de leur émission. L'économie et l'urgence nous font une loi de ne pas créer une nouvelle administration. En conséquence, le Ministre des Finances ouvrira un Grand-Livre de crédit hypothécaire pour toute la France.

Les Receveurs-Généraux, dans les chefs-lieux de départements, et les Receveurs-Particuliers , dans les arrondissements , sont ses Représentants.

MODE DE PRÊT.

Jusqu'à la révision de notre système hypothécaire, notre intention est de n'apporter aucune modification à la manière employée pour les placements sur hypothèques entre particuliers. L'Etat se trouvera simplement dans les mêmes conditions que les prêteurs actuels.

L'hypothèque frappera proportionnellement chaque fraction de la propriété, ou chaque mètre superficiel de terrain, afin de pouvoir vendre ou diviser par lots.

Dans chaque canton, il sera nommé un Jury spécial d'estimation qui pourra s'éclairer des conseils d'un Architecte ou d'un Géomètre.

Ce jury sera présidé par le Juge de Paix du canton qui aura voix délibérative ; il sera chargé de faire l'estimation des propriétés sur lesquelles un prêt sera demandé.

Cependant, le propriétaire qui ne voudrait pas attirer l'attention sur ses propres affaires, ou celui qui voudrait éviter les retards d'une estimation faite par le jury, présentera, comme base d'évaluation de sa propriété, l'estimation cadastrale.

Toute personne qui voudra emprunter, devra adresser au percepteur de sa commune une demande de crédit, à laquelle elle joindra :

1° Un plan figuré de sa propriété;

2° La désignation ;

3° Un état des inscriptions délivré trois jours avant la demande.

Dans les trois jours qui suivront la demande, si l'emprunteur n'accepte pas l'évaluation cadastrale, il sera procédé en sa présence, par le jury ci-dessus indiqué, à l'estimation de la propriété affectée à l'hypothèque.

Procès-verbal sera dressé, et avis en sera donné à l'emprunteur.

S'il accepte cette estimation, il lui sera ouvert, jusqu'à concurrence des deux tiers de la valeur de sa propriété, un compte sur le Grand-Livre du crédit hypothécaire, dont il pourra faire usage au fur et à mesure de ses besoins, sans pouvoir toucher moins de 200 fr. à la fois.

Lors de chaque emprunt, il souscrira à l'État une obligation hypothécaire, pour laquelle on se conformera en tous points aux dispositions de la loi, et il sera créé une somme de billets égale au prêt, sur laquelle somme l'État sera autorisé à retenir un dixième, en échange duquel il remettra à l'emprunteur une rente 5 pour cent au pair : et cela dans la limite des emprunts qui auront été légalement votés ; car il ne suffit pas de demander des ressources à l'État, il faut encore l'aider lui-même à sortir de la crise actuelle.

MODE DE CRÉATION DE CES BILLETS.

Une des causes de dépréciation des assignats, fut l'abus d'émission qu'en fit le gouvernement d'alors ; il importe donc aujourd'hui d'adopter, pour la création des billets que nous demandons, un procédé qui inspire au public la plus grande confiance et qui puisse être contrôlé facilement.

Les billets seront créés à Paris; ils porteront des numéros d'ordre sans faire connaître l'emprunteur ; ils seront disposés de manière qu'il y ait une double souche pour chaque billet ; elles indiqueront, l'une et l'autre, la propriété hypothéquée, son estimation, la somme prêtée, le nom de l'emprunteur.

L'une des souches restera à Paris, au Ministère des Finances.

L'autre sera déposée entre les mains du receveur-général de chaque département, et signée par l'emprunteur, lors de la remise des billets.

Le billets ne pourront excéder mille fr. ni être inférieurs à vingt-cinq fr.

Tout porteur aura le droit de les vérifier sur les registres à souche.

DURÉE DU PRÊT.

Les prêts seront faits pour un temps indéterminé, mais, tous les cinq ans, il pourra être fait une nouvelle estimation de la propriété, et le prêt pourra être augmenté ou diminué , lorsque l'immeuble aura subi une modification dans sa valeur d'au moins un dixième.

En cas de diminution, l'emprunteur remboursera à l'État la différence, et obtiendra main-levée, ou au moins fournira un supplément de garantie.

En cas d'augmentation, il lui sera fait un prêt supplémentaire, s'il le demande.

L'emprunteur ne pourra faire aucune dégradation à sa propriété, ni aucuns changements susceptibles de diminuer la valeur de l'immeuble.

TAUX DE L'INTÉRÊT.

L'emprunteur paiera à l'Etat un intérêt annuel de 3 pour cent sur la totalité de la somme prêtée.

RECOUVREMENT DES INTÉRÊTS.

Les intérêts seront exigibles dans le mois qui suivra les époques correspondantes aux paiements des loyers et fermages, selon l'usage des localités.

Ils seront recouvrés par les percepteurs de la même manière que les contributions ordinaires, par les mêmes moyens d'exécution et avec les mêmes priviléges, sur les fruits et revenus des immeubles hypothéqués seulement.

MODE DE REMBOURSEMENT DU CAPITAL.

Les emprunteurs auront la faculté de rembourser le capital à leur volonté et par fraction, qui ne pourront être moindre de 200 fr. Lors de chaque remboursement, l'Etat donnera une quittance authentique et main-levée de son inscription jusqu'à concurrence du montant du paiement effectué ; il y annexera une somme de billets égale aux remboursements qu'il aura reçus, ainsi qu'une des deux souches ; le tout frappé d'un timbre à emporte-pièce qui enlèvera les signatures, afin d'annoncer que ces billets sont retirés de la circulation.

Telle est l'organisation que nous proposons. Nous avons essayé de la rendre aussi simple que possible, et de nous renfermer dans les usages adoptés pour les placements hypothécaires, afin de pouvoir commencer immédiatement les opérations dans le cas où notre combinaison serait acceptée.

Nous avons formulé en un décret les dispositions qui précèdent, afin d'en faciliter la discussion.

PROJET DE DÉCRET.

ARTICLE 1er. — Le Ministre des Finances est autorisé à ouvrir un Grand-Livre de crédit hypothécaire pour toute la France.

Les receveurs-généraux, dans les chefs-lieux de département, et les receveurs particuliers, dans les arrondissements, sont ses représentants.

Il créera des billets de banque immobilière qui auront un cours forcé.

ART. 2. — Ces bons seront faits à Paris ; ils porteront des numéros d'ordre, sans indiquer l'emprunteur ; ils seront disposés de manière qu'il y ait une double souche pour chacun ; ces souches indiqueront l'une et l'autre la propriété hypothéquée, son estimation, la somme prêtée, le nom de l'emprunteur.

L'une des souches restera à Paris au ministère des finances.

L'autre sera déposée entre les mains du receveur général de chaque département et signée par l'emprunteur lors de la remise des bons.

Les billets ne pourront excéder mille francs, ni être inférieurs à 25 francs.

Tout porteur aura le droit de les vérifier sur les registres à souches.

ART. 3. — Il sera ouvert, à tout propriétaire qui le demandera, jusqu'à concurrence des deux tiers de son immeuble, un compte sur le Grand-Livre du crédit hypothécaire dont il pourra faire usage au fur et à mesure de ses besoins.

ART. 4. — Conformément au désir de l'emprunteur, l'hypothèque du trésor frappera proportionnellement chaque fraction de la propriété, ou chaque mètre superficiel du terrain, ou l'immeuble dans son intégralité.

ART. 5. — Dans tous les cas, les prêts ou avances de l'État ne s'effectueront jamais pour une somme moindre de 200 francs.

Aʀᴛ. 6. — Le propriétaire qui voudra emprunter devra adresser au Ministre des finances, s'il demeure à Paris ; au receveur général, s'il habite un chef-lieu; au receveur particulier, s'il réside dans un arrondissement, ou enfin au percepteur de sa commune, une demande de crédit à laquelle il joindra :

1° Un plan figuré de son immeuble ;

2° La désignation ;

3° Un état des inscriptions délivré trois jours avant la demande.

4° Et, s'il existe sur la propriété appelée à être grevée des constructions, un acte constatant que ladite propriété est assurée contre l'incendie.

Aʀᴛ. 7. — L'immeuble du requérant sera estimé par un jury fonctionnant sous la présidence du juge de paix ; ce dernier aura voix délibérative, si mieux n'aime l'emprunteur s'en rapporter purement et simplement à l'évaluation cadastrale.

Aʀᴛ. 8. — Lors de chaque emprunt, le Ministre des Finances créera une somme de billets égale au prêt, pour être remis à l'emprunteur. Toutefois, il aura la faculté de retenir un dixième desdits billets, et de donner en échange à l'emprunteur une inscription de rente à 5 pour 100 au pair.

L'emprunteur paiera à l'Etat un intérêt annuel de 3 pour 0⁄0 sur la totalité de la somme prêtée.

Aʀᴛ. 9. — L'hypothèque de l'Etat s'établira comme l'hypothèque conventionnelle, et sera dès lors soumise aux conditions de spécialité et de publicité indiquées par le Code civil, sauf ce qui est dit ci-dessous, article 13.

Aʀᴛ. 10. — Les intérêts seront exigibles dans le mois qui suivra les époques correspondantes aux paiements des loyers et fermages, selon l'usage des localités. Ils seront recouvrés par les percepteurs de la même manière que les contributions ordinaires, et en ce qui concerne les fruits des immeubles hypothéqués, par les mêmes moyens d'exécution et avec les mêmes priviléges.

Aʀᴛ. 11. — Les emprunteurs auront, à leur volonté, le droit de se libérer entièrement ou par fractions, en payant au trésor, soit en billets hypothécaires, soit en numéraire, le montant de la créance qu'ils voudront étcindre.

Les remboursements partiels s'opéreront par sommes rondes de 200 fr. au moins.

Lors de chaque remboursement, l'Etat donnera quittance et main-levée de son inscription, jusqu'à concurrence du montant du paiement effectué. Il y annexera une somme de billets égale au remboursement qu'il aura reçu, ainsi qu'une des deux souches; le tout frappé d'un timbre à emporte-pièce qui annoncera que ces billets sont retirés de la circulation.

Art. 12. — Les prêts seront faits pour un temps indéterminé ; mais, tous les cinq ans, il pourra être procédé à une nouvelle estimation de la propriété, et le prêt pourra être augmenté ou diminué, lorsque l'immeuble aura subi une modification dans sa valeur d'au moins un dixième.

En cas de diminution, l'emprunteur remboursera à l'Etat la différence, et obtiendra main-levée, ou au moins fournira un supplément de garantie.

En cas d'augmentation, il lui sera fait un prêt supplémentaire, s'il le demande.

Art. 13. — En conséquence, l'inscription hypothécaire de l'Etat ne contiendra pas l'époque d'exigibilité de la créance; il est dérogé en ce point seulement au § 4 de l'article 2148 du Code civil.

Art. 14. — Tout individu qui, frauduleusement, hypothéquera un immeuble dont il saura n'être pas propriétaire, ou qui présentera comme libres des biens hypothéqués, ou enfin qui déclarera des hypothèques moindres que celles dont ces biens sont chargés, sera puni d'un emprisonnement de deux mois au moins, de deux ans au plus, et d'une amende qui ne pourra excéder le quart de la somme empruntée ou être moindre de 25 francs.

Art. 15. — Tous les ans, à une époque fixe, le Ministre des Finances devra publier l'état de situation du grand livre du crédit hypothécaire.

Art. 16. — Est réputée non avenue toute clause portant que le remboursement d'une créance ne sera opéré qu'en espèces sonnantes d'or ou d'argent.

RÉGLEMENT

De la Société Centrale pour la Création par l'Etat d'une Banque Nationale Immobilière de France.

CONSTITUTION DE LA SOCIÉTÉ.

ARTICLE PREMIER.

La Société est illimitée; elle est composée de tous les Citoyens qui ont adhéré ou adhèreront au présent Règlement et paieront la cotisation indiquée à l'article 18.

ARTICLE 2.

Elle est dirigée par un Comité composé de vingt-cinq membres et de membres honoraires et correspondants.

ARTICLE 3.

Les Membres du Comité sont nommés pour un an. Ils seront renouvelés par tiers; les Membres sortant pourront être réélus.

ARTICLE 4.

Les Membres du Comité seront nommés à la majorité absolue des Sociétaires présents.

ARTICLE 5.

Le Comité choisira dans son sein :

Un Président,
Quatre Vice-Présidents,
Quatre Secrétaires,
Un Trésorier.

ARTICLE 6.

En cas de mort, absence ou démission, le Comité est autorisé à se compléter d'une manière provisoire, jusqu'à l'Assemblée Générale.

ARTICLE 7.

Le Comité est chargé de fixer l'ordre du jour des Séances.

Les Sociétaires ont pensé qu'il était nécessaire que les délibérations prises dans les réunions fussent publiés dans un journal politique et quotidien, afin que les correspondants de la Société en aient connaissance. Le journal *l'Estafette* a été choisi pour ces publications, comme répondant le mieux au désir exprimé.

ORDRE DES SÉANCES.

ARTICLE 8.

Les Séances auront lieu au moins une fois par semaine.

ARTICLE 9.

Chaque Membre sera muni d'une carte d'admission, dont la présentation est exigible à l'entrée de la salle des délibérations.

Cette carte est personnelle.

ARTICLE 10.

La police de l'Assemblée appartient au Président, qui aura, vis-à-vis de ceux qui troubleraient l'ordre, les moyens de répression indiqués à l'article 17.

ARTICLE 11.

La discussion est libre, la parole est accordée et maintenue, ou retirée par le Président.

ARTICLE 12.

Chaque Membre a le droit de faire une motion.

Pour qu'une motion soit discutée, il faut qu'elle ait été déposée préalablement par écrit sur le bureau, et qu'elle soit appuyée par deux Membres de l'Assemblée, et mise à l'ordre du jour.

ARTICLE 13.

Le Président ne discute pas.

S'il veut prendre la parole sur un sujet étranger à l'exécution du réglement, il devra céder le fauteuil à l'un des Vice-Présidents.

ARTICLE 14.

Le Président consultera l'Assemblée sur la clôture de toutes discussions et mettra les propositions aux voix.

Le vote a lieu en levant la main.

Il est constaté par le Bureau.

Le Scrutin secret ne pourra, en aucun cas, être réclamé.

ARTICLE 15.

Il sera fait par les Secrétaires un procès-verbal de délibération; chaque procès-verbal sera signé par l'un des Secrétaires et le Président.

ARTICLE 16.

A chaque Réunion, avant tous autres travaux, lecture sera donnée du Procès-Verbal de la Séance précédente et de l'ordre du jour.

ARTICLE 17.

Les moyens de répression sont :

1° Le rappel à l'ordre;
2° La réprimande ;
3° L'expulsion de la Séance;
4° La radiation définitive.

Les deux premières peines seront prononcées par le Président seul ; tout Membre qui les aura encourues deux fois dans une même Séance, ne pourra plus obtenir la parole dans cette Séance.

Les deux dernières peines seront prononcées à la majorité des Membres présents, sur la demande du Président, et, toutefois, après que le Sociétaire fautif aura été mis en demeure de se justifier.

COTISATION.

ARTICLE 18.

Pour pourvoir aux dépenses de la Société, les Membres fondateurs paieront une cotisation de CINQ FRANCS chacun, une fois payés.

Les Membres Sociétaires paieront une cotisation de UN FRANC par mois.

Les dépenses ne pourront être faites qu'après avoir été votées par la majorité du Comité.

ARTICLE 19.

Chaque mois, le Comité rendra compte de ses opérations et de l'état de la caisse.

ART. 20.

Le présent Réglement sera imprimé et affiché à la porte d'entrée, ainsi qu'à l'intérieur de la Salle des Séances.

Nous renvoyons au Journal l'*Estafette*, qui a été agréé par la Société.
pour les réponses aux diverses objections qui nous ont été faites.

LES MEMBRES DU COMITÉ.

PRÉSIDENT :

M. TAUXIER , rue d'Arcole, 2.

VICE-PRÉSIDENTS :

MM. COCHIN, Faubourg Saint-Antoine, 37.
VILCOQ, rue Neuve–Saint–Augustin, 7.
ROGRON, rue des Martyrs, 47.
CRAPEZ, rue d'Alger, 10.

SECRÉTAIRES :

MM. PASQUIER, rue du Port, 7, à Saint–Denis, rue d'Enghien, 6.
CHIBON, rue des Charbonniers, 10.
DALLERET, boulevart Beaumarchais, 2,
BARRE, rue Saint–Honoré, 353.
CORMIER, rue de Fleurus, 1.

TRÉSORIER :

M. FAURE, rue de Lancry, 12.

MEMBRES DU COMITÉ :

MM. BACHELET, rue Saint–Denis, 27, à Montmartre.
BADIN, rue Caumartin, 15.
MAYEN, rue des Martyrs, 57.
VIZET, place St-Antoine, 5, cour Damoy.
CARLOT, rue des Grands–Degrés, 22.
THIBAUT, rue de Choiseul, 2.
COULOMBEL, rue du Faubourg–du–Temple, 50.
DUBAIL, rue St-Denis, 75.
DE PLAS, Avoué, rue Ste-Anne.
CHATEAU, rue Hauteville.
BOUHIER DE LÉCLUSE, rue Jacob, 43.
PONS, rue et Hôtel Montesquieu.
FARINA fils, rue Richelieu, 104.
BARTHÉLEMY, rue des Marais, 11 bis.

MEMBRES HONORAIRES :

MM. DELAPORTE, rue de Grammont, 1.
BACQUEVILLE, rue d'Antin, 25, à Batignolles.
BALAGNY, Notaire, à Batignolles.
CHEVILLARD , Licencié-mathématiques, rue Casimir-Périer, 2.

SOCIÉTÉ CENTRALE

POUR LA CRÉATION PAR L'ÉTAT

D'UNE

BANQUE IMMOBILIÈRE

DE FRANCE.

RÉGLEMENT.

CONSTITUTION DE LA SOCIÉTÉ.

ARTICLE PREMIER.

La Société est illimitée; elle est composée de tous les citoyens qui ont adhéré ou adhéreront au présent Règlement et paieront la cotisation indiquée à l'article 18.

ARTICLE 2.

Elle est dirigée par un Comité composé de vingt-cinq membres et de membres honoraires et correspondans.

SOCIÉTÉ CENTRALE

POUR LA CRÉATION, PAR L'ÉTAT,

D'UNE

BANQUE NATIONALE

IMMOBILIÈRE DE FRANCE.

(Circulation légale de Billets hypothécaires.)

A la réunion du samedi **29** avril **1848.** M. Barre, membre de la commission, a donné lecture du rapport suivant :

Déjà, Messieurs, à l'unanimité, vous avez reconnu qu'il y avait un moyen de fournir immédiatement :

A l'État, un capital considérable et un revenu annuel de plusieurs centaines de millions;

A l'Industrie, le refoulement, vers elle, de tous les capitaux placés sur hypothèque ;

Aux Capitalistes, la certitude d'être remboursés ;

Aux Propriétaires grevés, la possibilité de payer leurs prêteurs ;

A ceux non grevés, un capital disponible à leur volonté ;

A l'Agriculture et au Commerce, des capitaux dont l'intérêt serait en rapport avec ses produits ;

chaque procès-verbal sera signé par l'un des secrétaires et le Président.

ARTICLE 16.

A chaque réunion, avant tous autres travaux, lecture sera donnée du procès-verbal de la séance précédente et de l'ordre du jour.

ARTICLE 17.

Les moyens de répression sont :

1° Le rappel à l'ordre ;
2° La réprimande ;
3° L'expulsion de la séance ;
4° La radiation définitive.

Les deux premières peines seront prononcées par le Président seul ; tout membre qui les aura encourues deux fois dans une même séance ne pourra plus obtenir la parole dans cette séance.

Les deux dernières peines seront prononcées à la majorité des membres présens, sur la demande du Président, et, toutefois, après que le sociétaire fautif aura été mis en demeure de se justifier.

COTISATION.

ARTICLE 18.

Pour pourvoir aux dépenses de la Société, les membres fondateurs paieront une cotisation de CINQ FRANCS chacun une fois payés.

Les membres sociétaires paieront une cotisation de UN FRANC par mois.

Les dépenses ne pourront être faites qu'après avoir été votées par la majorité du Comité.

ARTICLE 19.

Chaque mois, le Comité rendra compte de ses opérations et de l'état de la caisse.

ARTICLE 20.

Le présent règlement sera imprimé et affiché à la porte d'entrée, ainsi qu'à l'intérieur de la salle des séances.

SOCIÉTÉ CENTRALE

POUR LA CRÉATION, PAR L'ÉTAT,

D'UNE

BANQUE NATIONALE

IMMOBILIÈRE DE FRANCE.

(Circulation légale de Billets hypothécaires.)

A la réunion du samedi 29 avril 1848. M. Barre, membre de la commission, a donné lecture du rapport suivant :

Déjà, Messieurs, à l'unanimité, vous avez reconnu qu'il y avait un moyen de fournir immédiatement :

A l'État, un capital considérable et un revenu annuel de plusieurs centaines de millions;

A l'Industrie, le refoulement, vers elle, de tous les capitaux placés sur hypothèque ;

Aux Capitalistes, la certitude d'être remboursés ;

Aux Propriétaires grevés, la possibilité de payer leurs prêteurs ;

A ceux non grevés, un capital disponible à leur volonté ;

A l'Agriculture et au Commerce, des capitaux dont l'intérêt serait en rapport avec ses produits ;

La prudence conseille de ne pas laisser monter le chiffre des prêts jusqu'à la valeur réelle des propriétés. Par là on évite toute fraude et d'un autre côté l'on empêche que, dans le cas où les obligations prises par le débiteur ne seraient pas fidèlement rempli, l'Etat éprouve un préjudice.

A la Classe Ouvrière enfin, du travail; mais du travail en suffisante quantité, du travail sérieux et productif pour tous.

Ce moyen, aussi simple que fertile en résultats, vous le nommez tous, c'est la création de billets hypothécaires garantis par les immeubles des particuliers. Avant de vous lire le modèle de décret arrêté par la Commission et les divers auteurs de projet, permettez-nous de vous donner, par un rapide exposé des motifs, également adopté par la Commission et les auteurs du projet, la clé des différens articles de la proposition pour laquelle nous sollicitons votre assentiment.

L'émission des billets hypothécaires ne doit pas appartenir à une banque particulière, car ce n'est pas l'avantage de quelques uns qu'il faut rechercher; il serait dangereux également d'attribuer ce monopole à la Banque de France : on jetterait une confusion dans les esprits. Il serait, en effet, irrationnel qu'une même Banque pût à la fois lancer dans le public du papier garanti mobilièrement et du papier garanti immobilièrement.

De l'émission des billets hypothécaires descendra d'ailleurs un profit, et dans les momens difficiles où nous nous trouvons, il est sage que ce profit tombe dans la caisse de l'État. Il faut remarquer aussi que ce dernier a une administration toute montée, que pour lui il n'est aucuns frais à faire, aucun personnel à organiser. C'est donc le Gouvernement qu'il est convenable d'autoriser à se subroger aux créanciers hypothécaires, au fur et à mesure que les créances de ceux-ci deviendront exigibles. Au moyen de cette substitution graduelle, de la part de l'État, dans les droits des créanciers, on n'aura pas à craindre une émission trop considérable de billets hypothécaires, et peu à peu la nation s'habituera à ce nouveau genre de monnaie.

La profusion, sur la place, des billets de Banque immobilière ne pourrait avoir que des conséquences heureuses. Il y a environ trois milliards de numéraire. Avant la révolution de février, les valeurs commerciales (billets à ordre, traités, etc.) s'élevaient à plus de vingt milliards. Il n'est pas un industriel, un négociant, qui ne sache que parmi ces papiers en circulation; il y en avait un tiers au moins de véreux. Les moyens d'échange manquant, on était obligé de recourir à l'emploi de ces effets dont la signature ou n'était pas sérieuse ou ne présentait aucune garantie. Portât-on l'émission des billets hypothécaires à vingt milliards (ce qui serait énorme, puisqu'il n'y a guère actuellement que quatorze milliards de créances hypothécaires inscrites, y compris celles des femmes mariées et des mineurs), on ne ferait que substituer un moyen d'échange bon et sûr à un mauvais. Ce mode aurait également pour résultat d'empêcher beaucoup de faillites; car le numéraire étant augmenté, les négocians et les industriels n'accepteraient plus que de ces billets ou des valeurs équivalentes.

Le gouvernement, en prenant la place des tiers-porteurs sur hypothèque, ne courra pas plus de danger qu'eux; il aura comme ceux-ci la faculté d'examiner les titres de propriété des individus avec lesquels il traitera.

Les billets de banque immobilière doivent avoir cours forcé. De cette manière, le signe monétaire sera augmenté, et on donnera une vive impulsion, en les facilitant, aux transactions civiles et commerciales; le numéraire deviendra moins utile dans les momens de crise. Ces billets hypothécaires étant représentés par des propriétés foncières d'une valeur sérieuse et appartenant à des particuliers, offriront la garantie la plus solide qui existe.

Il faut que l'émission des billets ne dépasse jamais le chiffre des emprunts, et que sur ce point les citoyens aient un moyen facile de s'éclairer. Il a donc paru utile de tracer quelques formalités à cet égard. Ensuite, comme il est bon de répandre l'usage des billets de banque immobilière, d'arriver à ce qu'ils puissent servir à la paie des travailleurs, il était nécessaire de multiplier les coupures.

En se posant comme tiers-porteur, l'Etat ne nuira pas à la liberté des citoyens; car nous n'entendons point que les propriétaires soient tenus de lui emprunter; s'ils considèrent qu'il est de leur intérêt de s'adresser à des tiers, ils le feront. Le mode d'emprunt que nous leur offrons sera pour eux absolument facultatif.

Décider que le gouvernement ne fera qu'une émission limitée, ce serait appeler la faveur sur quelques uns seulement et blesser ce principe d'égalité qui nous régit irrévocablement.

Autoriser l'établissement d'une hypothèque proportionnelle ou générale, selon le désir de l'emprunteur, nous a semblé une mesure avantageuse à la transmission et à la division des biens.

Éviter d'obliger l'administration à des écritures sans nombre et cependant ne pas écarter les petites bourses du grand livre de crédit hypothécaire, a été notre double but, en fixant le chiffre des emprunts.

Parfois un propriétaire redoute une perte de temps, des frais si minces qu'ils soient, parfois aussi il ne lui plaît pas d'attirer l'attention sur ses propres affaires. L'obligation de soumettre son immeuble à l'estimation d'un jury l'empêcherait alors de profiter des ressources offertes à tous. Il fallait obvier à ce mal, et nous n'avons pas trouvé d'inconvénient à lui permettre de prendre pour base de son emprunt une évaluation faite par le gouvernement.

Le crédit public est une des artères principales du commerce et de l'industrie ; aussi tout ce qui tend à relever ce crédit doit être accepté avec faveur. C'est mus par l'espoir d'obtenir un résultat immédiat à cet égard, que nous avons cru possible de permettre au Ministre des finances de parfaire le prêt qu'il effectuera, au moyen d'une inscription de rente au pair.

De plus, nous avons voulu aussi que l'Etat perçût un intérêt de 3 p. 0|0 par an sur son prêt hypothécaire, afin de lui créer encore une ressource avec laquelle il lui sera facile d'équilibrer ses dépenses et de remplir les vides que l'abolition de certains impôts formera dans ses revenus.

Nous n'établissons pas des catégories entre les propriétés rurales et les propriétés urbaines. Nous présentons un chiffre uniforme pour l'intérêt du prêt. Si les terres produisent quelquefois moins que les maisons, elles donnent, en revanche, plus de sécurité. Pas plus de privilége entre les propriétés qu'entre les citoyens. Evitons aussi les complications d'écritures et gardons-nous de rendre difficile dans son application notre projet.

Ne pas toucher au système hypothécaire, glisser au milieu des lois en vigueur sans rien heurter, éteindre la crise financière et ranimer à toujours le crédit public, tel est le problème que nous nous sommes efforcés de résoudre.

Nous nous sommes pareillement attachés à rendre commode l'exécution de l'obligation contractée par l'emprunteur, et en même temps, considérant l'intérêt de 3 p. 0[0 comme l'équivalent des impôts qu'il est destiné à remplacer, nous n'avons pas hésité à armer le gouvernement de manière à ce que cet intérêt fût recouvré par lui comme la contribution directe.

Nous donnons aux propriétaires le droit d'affranchir à tous momens leurs immeubles pour faciliter la libre circulation des biens , et les attirer vers l'emprunt par l'espoir fondé de se libérer aisément.

Le chiffre des remboursemens ne pouvait qu'être pareil à celui des emprunts.

Nous avons cru devoir prendre de grandes précautions lors du paiement des créances, afin de donner toute sécurité aux détenteurs de billets hypothécaires, en leur apportant la certitude que jamais l'émission ne pourra dépasser le chiffre des prêts.

Le gouvernement, ayant toujours intérêt à percevoir les 3 p. 0[0 sur l'emprunt, doit désirer que sa créance ne s'éteigne pas; il est donc inutile de l'autoriser à contraindre les propriétaires au remboursement. Néanmoins, la sagesse commande que de temps en temps il ait le droit de constater l'état de l'immeuble qui forme sa garantie, et de changer la loi du contrat qui le lie, si les conditions du gage se sont modifiées.

La durée des prêts étant illimitée, comme conséquence, il fallait déroger à l'article 2148 du Code civil.

Le décret du gouvernement provisoire abolissant la contrainte par corps, et annulant dès lors l'effet de l'article 2059 du Code civil , relatif au stellionnat, il était nécessaire de remplacer cette dernière disposition. La prescription proposée contre ceux qui hypothéqueraient un immeuble sachant ne pas leur appartenir, ou contre ceux qui dissimuleraient les charges affectant leurs biens, est sévère, vu la qualité du créancier (l'État).

De ce que les billets de banque hypothécaires auront cours forcé, il suit nécessairement que les clauses des actes qui seraient contraires à ce principe doivent être de nul effet.

Enfin , et cela mérite d'être remarqué, les billets de banque immobilière n'ont et ne peuvent avoir rien de commun avec *les assignats*.

— Les assignats étaient émis en raison des besoins illimités de l'Etat; c'était l'Etat qui battait monnaie.

Les billets hypothécaires ne seront lancés dans le public qu'en raison des besoins des particuliers. Ce sont ceux-ci qui battront, pour ainsi dire, monnaie avec leurs terres et leurs maisons.

— Rien ne contrôlait l'émission des assignats.

Des actes authentiques, des pièces publiques et régulières donneront naissance aux billets hypothécaires.

— Les assignats étaient hypothéqués sur les biens des émigrés et du clergé. On craignait qu'une réaction rendît ces biens à leurs précédens propriétaires.

Les billets hypothécaires seront garantis par des immeubles dont la propriété ne pourra être mise en doute par personne.

— L'émission des assignats excédait de beaucoup la valeur réelle des domaines nationaux.

Les billets hypothécaires ne seront créés que jusqu'à concurrence des deux tiers de la valeur des immeubles de l'emprunteur, et l'estimation en sera faite soigneusement.

L'avantage qu'offre encore cette mesure, c'est que les provinces, qui auront elles-mêmes participé à la création des billets hypothécaires, loin de pouvoir les repousser, auront le plus grand intérêt à les recevoir et à rendre leur cours facile.

Nous vous avons exposé, Messieurs, l'ensemble des dispositions du projet; nous avons pris à tâche de vous en indiquer la nature, les motifs et les principaux caractères; il nous paraît répondre aux vœux et aux besoins du pays, et votre commission vous en propose l'adoption.

PROJET DE DÉCRET.

Article 1er. — Le Ministre des finances est autorisé à ouvrir un grand livre de crédit hypothécaire pour toute la France.

Les receveurs généraux, dans les chefs-lieux de département, et les receveurs particuliers, dans les arrondissemens, sont ses représentans.

Il créera des billet de banque immobilière qui auront un cours forcé.

Art. 2. — Ces bons seront faits à Paris; ils porteront des numéros d'ordre, sans indiquer l'emprunteur; ils seront disposés de manière qu'il y ait une double souche pour chacun; ces souches indiqueront l'une et l'autre la propriété hypothéquée, son estimation, la somme prêtée, le nom de l'emprunteur.

L'une des souches restera à Paris au ministère des finances.

L'autre sera déposée entre les mains du receveur général de chaque département et signée par l'emprunteur, lors de la remise des bons.

Les billets ne pourront excéder mille francs, ni être inférieurs à 25 francs.

Tout porteur aura le droit de les vérifier sur les registres à souches.

Art. 3. — Il sera ouvert, à tout propriétaire qui le demandera, jusqu'à concurrence des deux tiers de son immeuble, un compte sur le grand livre du crédit hypothécaire dont il pourra faire usage au fur et à mesure de ses besoins.

Art. 4. — Conformément au désir de l'emprunteur, l'hypothèque du trésor frappera proportionnellement chaque fraction de la propriété, ou chaque mètre superficiel du terrain, ou l'immeuble dans son intégralité.

Art. 5. — Dans tous les cas, les prêts ou avances de l'Etat ne s'effectueront jamais pour une somme moindre de 200 francs.

ART. 6. — Le propriétaire qui voudra emprunter devra adresser au Ministre des finances, s'il demeure à Paris, au receveur général, s'il habite un chef-lieu, au receveur particulier, s'il réside dans un arrondissement, ou enfin au percepteur de sa commune, une demande de crédit à laquelle il joindra :

1º Un plan figuré de son immeuble,

1º La désignation,

3º Un état des inscriptions délivré trois jours avant la demande,

4º Et, s'il existe sur la propriété appelée à être grevée des constructions, un acte constatant que ladite propriété est assurée contre l'incendie.

ART. 7. — L'immeuble du requérant sera estimé par un jury fonctionnant sous la présidence du juge de paix, ce dernier ayant voix délibérative, si mieux n'aime l'emprunteur s'en rapporter purement et simplement à l'évaluation cadastrale.

ART. 8. — Lors de chaque emprunt, le Ministre des finances créera une somme de billets égale au prêt, pour être remis à l'emprunteur. Toutefois, il aura la faculté de retenir un dixième desdits billets, et de donner en échange à l'emprunteur une inscription de rente à 5 pour 100 au pair.

ART. 9. — L'hypothèque de l'État s'établira comme l'hypothèque conventionnelle, et sera dès lors soumise aux conditions de spécialité et de publicité indiquées par le Code civil, sauf ce qui est dit ci-dessous, article 13.

ART. 10. — Les intérêts seront exigibles dans le mois qui suivra les époques correspondantes aux paiemens des loyers et fermages, selon l'usage des localités. Ils seront recouvrés par les percepteurs de la même manière que les contributions ordinaires, et en ce qui concerne les fruits des immeubles hypothéqués, par les mêmes moyens d'exécution et avec les mêmes priviléges.

ART. 11. — Les emprunteurs auront, à leur volonté, le droit de se libérer entièrement ou par fractions, en payant au trésor, soit en billets hypothécaires, soit en numéraire, le montant de la créance qu'ils voudront éteindre.

Les remboursemens partiels s'opéreront par sommes rondes de 200 fr. au moins.

Lors de chaque remboursement, l'Etat donnera quittance et main-levée de son inscription, jusqu'à concurrence du montant du paiement effectué. Il y annexera une somme de billets égale au remboursement qu'il aura reçu, ainsi qu'une des deux souches; le tout frappé d'un timbre à emporte-pièce qui annoncera que ces billets sont retirés de la circulation.

ART. 12. — Les prêts seront faits pour un temps indéterminé ; mais, tous les cinq ans, il pourra être procédé à une nouvelle estimation de la propriété, et le prêt pourra être augmenté ou diminué, lorsque l'immeuble aura subi une modification dans sa valeur d'au moins un dixième.

En cas de diminution, l'emprunteur remboursera à l'Etat la différence, et obtiendra main-levée, ou au moins fournira un supplément de garantie.

En cas d'augmentation, il lui sera fait un prêt supplémentaire, s'il le demande.

ART. 13. — L'inscription hypothécaire de l'Etat ne contiendra en conséquence pas l'époque d'exigibilité de la créance; il est dérogé en ce point seulement au § 4 de l'article 2148 du Code civil.

ART. 14. — Tout individu qui frauduleusement hypothéquera un immeuble dont il saura n'être pas propriétaire, ou qui présentera comme libres des biens hypothéqués, ou enfin qui déclarera des hypothèques moindres que celles dont ces biens sont chargés, sera puni d'un emprisonnement de deux mois au moins, de deux ans au plus, et d'une amende qui ne pourra excéder le quart de la somme empruntée ou être moindre de 25 francs.

ART. 15. — Tous les ans, à une époque fixe, le Ministre des finances devra publier l'état de situation du grand livre du crédit hypothécaire.

ART. 16. — Est réputée non avenue toute clause portant que le remboursement d'une créance ne sera opéré qu'en espèces sonnantes d'or ou d'argent.

Encore un dernier mot, Messieurs... Avec nous, vous penserez que l'application immédiate de ce décret ne manquerait pas d'à-propos. Effectivement, la création de bons hypothécaires aurait non seulement pour